# Épictète

LePetitPhilosophe.fr

# ÉPICTÈTE

## PHILOSOPHE GREC STOÏCIEN

- **Né vers 50 apr. J.-C. à Hiérapolis**
- **Décédé vers 125 apr. J.-C à Nicopolis**
- **Ses enseignements principaux ont été recueillis par Arrien de Nicomédie dans :**
  - les *Entretiens*
  - le *Manuel d'Épictète*

Fils d'esclave et esclave lui-même, Épictète suit les cours du stoïcien Musonius Rufus, ce qui plus tard l'amène à devenir un **adepte du nouveau stoïcisme** ou néostoïcisme, qui se développe à partir du **I$^{er}$ siècle apr. J.-C.**

En raison de l'époque troublée dans laquelle il voit le jour, le néostoïcisme insiste davantage sur **la nécessité de la réflexion morale et de l'examen de conscience**, et met en avant l'idée que la théorie la plus rigoureuse s'éprouve dans la pratique. En accord avec la pensée stoïcienne, Épictète énonce des règles de vie dont le but est de permettre un examen critique de soi-même afin de parvenir à la sagesse.

# BIOGRAPHIE

## UN ESCLAVE STOÏCIEN

Épictète, **né vers 50 apr. J.-C.** et originaire de Hiérapolis en Phrygie (actuelle Turquie), est **amené à Rome comme esclave** et vendu à un affranchi de l'empereur Néron (37-68), Épaphrodite. Il semblerait que son maitre l'ait maltraité à plusieurs reprises, mais il le laisse cependant s'engager dans une **formation philosophique auprès du stoïcien Musonius Rufus**. Cela n'a rien d'étonnant puisqu'être esclave dans l'Antiquité désigne une importante variété de conditions : un esclave peut s'occuper des travaux les plus avilissants jusqu'à accéder à la fonction de conseiller du prince – fonction remplie d'ailleurs par Épaphrodite auprès de Néron. De plus, le stoïcisme, tout comme l'épicurisme, est un enseignement relativement ouvert aux différentes catégories sociales.

## BON À SAVOIR

Contrairement à l'enseignement donné à l'Académie de Platon (vers 427-347 av. J.-C.) ou au Lycée d'Aristote (384-322 av. J.-C.), celui que dispense **les stoïciens** sous le Portique n'est pas réservé à l'aristocratie, mais accueille également les bourgeois, dont l'aisance est née du développement du commerce, et tous ceux désireux d'acquérir la culture grecque. Ces derniers sont nombreux en raison de l'extension du monde grec grâce aux conquêtes d'Alexandre le Grand (356-

323 av. J.-C.). Plusieurs facteurs expliquent l'extrême diffusion du stoïcisme dans le monde hellénistique, puis dans l'empire romain : les bouleversements sociaux et politiques, le fait qu'il s'agisse d'une voie philosophique totale, la diversité des conditions sociales des élèves du Portique (par exemple, l'écrivain Sénèque, l'empereur Marc Aurèle et l'esclave Épictète) et la prolifération des lieux d'enseignement en toute indépendance des organisations institutionnelles.

Épictète entreprend l'étude du stoïcisme à un moment où l'école est mise en danger :

- l'écrivain stoïcien Sénèque (4 av. J.-C.-65 apr. J.-C.) a été contraint à la mort par Néron en 65 ;
- certains sénateurs stoïciens résistent au prix de leur vie face au despotisme des empereurs, ce qui engendre le **bannissement des philosophes**, d'abord sous Néron puis sous Vespasien (9-79). C'est donc une chance pour Épictète d'avoir eu accès à cet enseignement dans un tel contexte.

## L'ENSEIGNEMENT D'ÉPICTÈTE

**Affranchi** par son maitre, Épictète **ouvre une école à Rome**. Mais l'empereur Domitien (51-96) reprend la politique d'expulsion des philosophes, ce qui l'oblige, en 94, à **se replier à Nicopolis**, en Épire (actuelle Grèce), où il mène une vie de misère. Son enseignement attire cependant de grandes figures comme l'historien et philosophe **Arrien**

**de Nicomédie** (vers 95-175) ou encore Junius Rusticus qui mettra dans les mains de l'empereur **Marc Aurèle** (121-180) le savoir d'Épictète. Celui-ci meurt en 125.

Le philosophe grec n'a écrit aucun livre. Son enseignement prend la forme traditionnelle de la diatribe, c'est-à-dire de **dialogues et apostrophes à visée morale et polémique**, quelquefois violents, à la manière socratique : sa parole vive, parfois brutale, est pleine d'interrogations et d'ironie. Épictète recourt au caractère populaire, rude et familier de la langue. Mais il incite également ses élèves à la **pratique de la lecture** et analyse avec eux les **textes fondateurs** du Portique. Le contenu de l'éducation qu'il dispense reprend **l'éthique, la logique et la physique**, à savoir les trois parties indissociables de la philosophie à l'époque.

Le disciple d'Épictète, Arrien de Nicomédie, a recueilli ses propos dans **deux ouvrages** restés célèbres :

- les *Entretiens*, dont seuls quatre livres, principalement axés sur l'éthique, sont parvenus jusqu'à nous, et qui constituent une des sources d'informations les plus importantes sur le stoïcisme ;
- le *Manuel d'Épictète*, un recueil des réflexions majeures de l'esclave-philosophe.

# CONTEXTE PHILOSOPHIQUE

## LE STOÏCISME ET L'ÉPICURISME : DEUX COURANTS CONTEMPORAINS

### Le stoïcisme

Épictète est un représentant du stoïcisme, un courant philosophique fondé par **Zénon de Citium** (vers 335-264 av. J.-C.) aux environs de 300 av. J.-C. en Grèce et qui a perduré pendant environ cinq siècles. Il se subdivise en **trois périodes** : le stoïcisme antique, le stoïcisme moyen et le stoïcisme impérial (ou néostoïcisme), dont fait notamment partie Épictète.

De manière générale, la pensée stoïcienne se caractérise par une éminente austérité. Il s'agit avant tout d'une doctrine morale proposant des **règles de vie propres à atteindre bonheur et sagesse** :

- d'une part, l'homme doit **vivre en harmonie avec la nature en maitrisant ses passions** qui épuisent l'âme en vain. Dès lors, les stoïciens s'attachent à ne pas regretter, à ne pas avoir pitié, à ne pas être affectés par l'injustice, à ne pas ignorer, à ne pas avoir d'opinion, etc. ;
- d'autre part, il doit **accepter que tout ce qui arrive doit arriver**. En effet, tout est écrit d'avance. Cet assentiment au destin apporte au stoïcien la liberté et la paix de l'âme (ce qu'on appelle l'ataraxie), et lui permet de vivre parmi les hommes en acceptant la place qui lui est assignée. Aujourd'hui, le terme « stoïque » désigne l'attitude de

celui qui supporte la douleur et le malheur de façon impassible.

## L'épicurisme

Dès sa naissance au III<sup>e</sup> siècle av. J.-C., le stoïcisme coexiste avec une autre école philosophique majeure : l'épicurisme, qui se développe en Grèce avec **Épicure** (341-270 av. J.-C.). Celui-ci **désapprouve les croyances stoïciennes**, qu'il juge orgueilleuses, et **veut se montrer plus humain** : il imagine donc une sagesse qui tient compte de la faiblesse et de la nature humaines.

L'épicurisme est d'abord une **doctrine matérialiste** qui conçoit **l'univers comme exclusivement composé de vide et d'atomes**, comme le pensait déjà Démocrite (468-399 av. J.-C.). Dès lors, il est inutile de redouter la mort puisque l'âme elle-même est composée d'atomes : lorsque nous mourons, l'âme se désagrège tout comme le reste du corps. Par ailleurs, il n'y a pas à craindre les dieux non plus, car la doctrine épicurienne les envisage comme des êtres parfaits vivant bienheureux dans leur propre monde et ne se souciant pas des hommes.

Épicure montre que si les hommes craignent les dieux et la mort, c'est parce qu'ils ignorent les causes véritables des phénomènes naturels et les incombent à des puissances sur-naturelles. En les débarrassant de leurs peurs, le philosophe grec permet aux hommes d'atteindre **le bonheur**, qui réside dans **la santé du corps et la tranquillité de l'âme**, soit dans l'absence de souffrance. À cette fin, il invite ses disciples à **pratiquer les vertus**, en particulier celle de la tempérance :

il s'agit d'apaiser ses passions et d'éradiquer les désirs vains (aspiration à la gloire, à la richesse, à la luxure, etc.). Seuls les plaisirs naturels et nécessaires (manger, boire et dormir) sont recommandables pour le véritable sage qui cherche l'absence de troubles dans le cœur et le corps. Épicure convie ainsi ses disciples à une vie frugale et dénuée d'ambition, à l'écart de la vie publique et maritale.

## LES INFLUENCES D'ÉPICTÈTE

### Socrate

Épictète subit l'influence du philosophe grec Socrate (470-399 av. J.-C.), **le père de la philosophie morale**, domaine majeur dans la réflexion de l'esclave-philosophe. Celui-ci reprend notamment sa méthode dialectique qui consiste à répondre à une question par une autre question en vue d'avancer sur le chemin de la vérité et de la connaissance de soi.

Socrate avait l'habitude de dire que, de la même façon que sa mère aidait les femmes à accoucher, lui aidait les esprits des hommes à accoucher du savoir qu'ils contenaient en eux sans en être conscients. C'est pourquoi sa méthode est appelée **la maïeutique, « l'art de faire accoucher »**. Plus précisément, le philosophe interroge ses interlocuteurs sur des sujets liés à la nature humaine tels que le bien ou la justice. Grâce aux questions qu'il leur pose, il les amène à s'observer eux-mêmes, ce qui les met face à leurs propres contradictions, et à trouver la vérité par leurs propres moyens, sans qu'elle leur soit enseignée ou transmise. Ceci se fait selon un principe dialectique : les intervenants produisent différentes thèses et antithèses qui, grâce aux discussions et aux questions de Socrate, donnent lieu à une synthèse permettant d'aller plus loin dans la réflexion et de se rapprocher de la vérité absolue.

Épictète a essentiellement pour point commun avec Socrate de **forcer chacun à examiner ses propres croyances**. Ce questionnement vise à conserver les meilleures hypothèses en vue d'éliminer celles qui mènent à des contradictions.

## Le cynisme

La morale stoïcienne dans son ensemble est par ailleurs profondément influencée par le cynisme, une doctrine de la Grèce antique fondée par **Antisthène** (vers 444-365 av. J.-C.), mais dont le plus célèbre représentant est **Diogène de Sinope** (vers 413-327 av. J.-C.). Le stoïcisme reprend notamment aux philosophes cyniques les notions de vie selon la nature, d'autosuffisance et de cosmopolitisme. Le cynique constitue le modèle du sage accompli pour Épictète.

Écœurés par le comportement des puissants, les cyniques prônent un renversement des valeurs de l'époque en faveur de la désinvolture et de l'humilité. Provocateurs, ils méprisent les conventions sociales, qui pervertissent l'homme, et entendent **vivre selon la nature**, en adoptant le mode de vie des animaux. En ce sens, les cyniques revendiquent **l'autosuffisance**, qui consiste à se contenter du minimum sans jamais souffrir d'aucun manque et en étant capable d'endurer le pire. Ils ne recherchent ni honneurs ni richesse et refusent tout ce qui n'est pas absolument nécessaire.

Enfin, ils se considèrent comme des **citoyens du monde**, ne prêtant aucune attention à l'origine des individus : tous les hommes sont égaux entre eux.

## Le scepticisme

Enfin, l'école sceptique, qui a pour fondateur le philosophe grec **Pyrrhon** (vers 365-275 av. J.-C.), a également inspiré Épictète, en accord avec certains points de sa doctrine.

Pyrrhon considère que **la pensée humaine est incapable de trouver la vérité absolue**. Par conséquent, il recommande de **suspendre son jugement** et de ne jamais abandonner la recherche de la vérité en prétendant être parvenu à une vérité certaine. Cette philosophie a pour but d'**atteindre l'ataraxie**, un état de quiétude absolu, obtenu suite à la suspension du jugement qui permet de mettre de côté les fausses croyances. En effet, les sceptiques considèrent que les convictions de l'homme paralysent l'action. Ainsi, en se détachant de nos croyances et de nos connaissances dogmatiques, il devient possible de mener une vie libérée de troubles.

Épictète rejoint les sceptiques quand ils affirment que ce ne sont pas les faits qui nous affligent mais nos jugements. Cependant, il nuance leur pensée, car il considère que seuls les jugements faux nous perturbent et non pas les jugements en général.

# PENSÉE ET APPORT

## LA DÉMARCATION ÉTHIQUE

### L'homme, un *logos* à réaliser

Les dieux ont doté l'humain d'un équipement différent de celui des animaux : **l'homme se caractérise par le *logos*** (ou raison ou intelligence ou supplément de nature), dont la particularité est d'être **ouvert et indéterminé**. Alors que l'animal est assigné à des tâches définies et limitées comme se reproduire ou se nourrir, les êtres doués de *logos* sont indéterminés. L'homme a alors pour œuvre principale de **parvenir à la sagesse** avec art, effort et réflexion via le travail du *logos*. Ainsi, si le *logos* est donné d'emblée à l'homme, il reste à réaliser.

### La distinction du propre et de l'étranger

Cette réalisation passe par **la philosophie** qui permet de parvenir à ce qu'Épictète appelle « la démarcation éthique ». Cela consiste à **connaitre et distinguer** :

- **le propre**, c'est-à-dire ce qui est à notre portée, en notre pouvoir, ce qui dépend de nous (nos désirs, nos aversions, nos impulsions, nos répulsions, nos jugements, nos opinions, nos pensées et notre volonté) ;
- **et l'étranger**, c'est-à-dire ce qui n'est pas à notre portée, en notre pouvoir, ce qui ne dépend pas de nous (les choses qui nous sont extérieures telles que la richesse, la réputation, la santé, les honneurs ou tout autre prétendu bien de cet ordre).

Nous devons nous y rendre indifférents (<u>citation 1</u>).

Cette distinction est « à faire » par chacun : elle ne nous est pas donnée immédiatement et par nature, mais elle est le fruit d'une éducation culturelle et spirituelle.

Il s'agit donc d'**interpréter** et de **critiquer le monde qui nous entoure** afin de déduire l'essence, la nature des choses qui se manifestent à nous : dépendent-elles de nous ou non ? Cette lecture juste du réel rend possible **la droiture morale** et donc l'éthique. C'est pourquoi Épictète parle de démarcation « éthique ».

## L'éthique comme accomplissement du *logos*

Le philosophe, grâce à cette distinction entre le propre et l'étranger, définit **l'éthique** comme **un certain rapport entre humanité et divinité**. En effet, l'éthique est un accomplissement du *logos*. Or le *logos* est à la fois le propre de la nature humaine et un don divin, et se définit par l'aptitude au discernement, par l'usage intelligent ou critique des représentations (<u>citation 2</u>). L'éthique est par conséquent **un accomplissement de la nature humaine et une mission divine**. Dès lors, la droiture morale réalise la nature humaine.

En somme, pour Épictète, l'homme est doté d'un *logos* qu'il doit réaliser grâce à la démarcation éthique, qui consiste à distinguer ce qui est en notre pouvoir de ce qui n'est pas en notre pouvoir. Grâce à cette démarche critique, il aboutit à l'éthique. Par conséquent, l'éthique se définit comme un accomplissement du logos, donc de la nature humaine.

## L'utilisation exacte des prénotions

L'éducation philosophique vise l'apprentissage général de la démarcation éthique. Or cela passe par l'utilisation exacte des prénotions : il s'agit des mots utilisés communément dans le langage, mais pas toujours de façon correcte. En effet, **nous recourons à des prénotions** comme le bien, le mal, le devoir, le beau, etc. **avant même d'en avoir une compréhension philosophique**, autrement dit avant même de les contrôler parfaitement. Par exemple, le fait de dire « il a mal agi » suppose une précompréhension de la notion de mal dont la compréhension complète nécessite la médiation de la philosophie. Ainsi, si les prénotions sont un don naturel, elles doivent être rectifiées dans leur application grâce au don divin de l'intelligence.

Le point de départ de la philosophie est donc **la critique de la *doxa***, de l'opinion commune, **dans l'application des prénotions**. Le désaccord fréquent entre les opinions des uns et des autres prouve qu'il y a souvent parmi elles des opinions incorrectes, mais pas que les prénotions sont fausses : tout le monde possède par exemple la même précompréhension exacte de ce qu'est le juste, mais les hommes ne s'accordent pas nécessairement sur ce qui est juste. Cela signifie que **les différends proviennent de la technique et de l'art d'appliquer les prénotions, et non des prénotions en elles-mêmes**. C'est l'indétermination du *logos*, resté ouvert, qui est l'origine de ces contradictions. Heureusement, celles-ci se résolvent par ce même *logos*, ou intelligence, réalisé grâce à l'éducation.

En somme, la philosophie cherche à ne pas voir trahir le sens des prénotions par leur mauvaise application et ainsi à rendre possible un comportement éthique. On peut en conclure que la faute se produit lorsque la mise en pratique d'une prénotion contredit le sens de cette dernière, c'est-à-dire lorsqu'il y a contradiction.

## LES TROIS LIEUX DE LA PHILOSOPHIE

### Les lieux de la liberté

Pour Épictète, comme pour les autres stoïciens, le monde est soumis à un ordre immuable : tout est écrit d'avance. Par conséquent, la seule fonction de l'homme consiste à rester à la place qui lui est assignée, autrement dit à accepter que les choses soient telles qu'elles sont. Par contre, **en ce qui concerne les choses qui dépendent de lui et qui se rapportent à la volonté, l'homme conserve sa liberté**. Cependant, selon le philosophe, la liberté consiste à vouloir que les choses arrivent comme elles arrivent, à accorder sa volonté à l'ordre du monde.

Parmi les choses qui dépendent de nous-mêmes, plus précisément de notre raison, Épictète évoque notamment **le désir ou l'aversion, l'impulsion ou la répulsion (à agir) et le jugement** : il s'agit des **trois lieux de la philosophie**. Le penseur sépare ces trois domaines d'exercice car ils correspondent à une gradation dans le progrès vers la sagesse et ne sont donc pas interchangeables. En effet, les progrès sont plus rapides et considérables dans les deux premiers lieux, tandis que le jugement est un lieu qu'il ne faut aborder qu'à la fin du parcours et avec précaution.

## Le désir

Par nature, le désir se définit comme **la recherche d'un bien** alors que l'aversion est la fuite d'un mal. Ce premier lieu de la philosophie est donc aussi celui des passions et des perturbations puisque celles-ci résultent de la frustration d'un désir ou de l'échec de l'aversion. Pour les éviter, les désirs doivent toujours être réalisés.

C'est ce à quoi veut parvenir le stoïcisme en amenant l'homme à **n'avoir que des désirs dont la nature est d'être toujours réalisables**. Mais ceci n'est possible qu'au terme d'une formation philosophique longue et bien menée. C'est pourquoi Épictète recommande au débutant la **suppression pure et simple du désir** dans un premier temps (citation 3). En effet, contrairement au sage accompli, le débutant n'est pas encore capable de comprendre ce qui dépend de lui. Il lui est donc conseillé de se libérer provisoirement du désir parce que c'est, à ce stade de sa formation, le seul moyen pour lui de se libérer des passions.

## L'action

Le second lieu de la philosophie est celui de l'action, plus précisément de l'impulsion et de la répulsion. Il répond à la question des préceptes de conduite. En effet, Épictète s'interroge sur **la manière dont nous devons nous comporter dans toutes les circonstances de la vie**. Il s'agit là de la question essentielle à laquelle l'homme doit pouvoir répondre.

Alors que le problème du désir est sa réalisation, le problème de l'action est l'opportunité et l'occasion propice. Quand faut-il s'engager en politique ? Quand faut-il se retirer des affaires publiques ? Comment se risquer au dehors ? Il s'agit de **déterminer les conduites convenables et les fonctions et obligations sociales** dans telle ou telle circonstance.

Tout comme l'homme se doit de conserver le sens des prénotions en agissant conformément à lui, il se doit d'être à la hauteur des mots qui concernent les fonctions sociales (père, frère, etc.). Ces termes nous dévoilent les rôles sociaux de père, de fils, de jeune, de vieux, ou encore de citoyen. C'est le rôle du *logos* que de déterminer le sens profond de ces expressions.

## Le jugement

Le troisième lieu est celui du jugement ou usage critique des représentations, à savoir celui de la **logique** et de la **dialectique**.

## BON À SAVOIR

La **logique** vient de *logos*, en grec, qui signifie « raison, langage et raisonnement ». Elle constitue depuis l'Antiquité l'une des grandes disciplines de la philosophie avec l'éthique (ou philosophie morale) et la physique (ou science de la nature). Elle a pour objet l'étude des règles formelles qui doivent présider toute argumentation. Il s'agit donc de la science de l'argumentation et des processus de la pensée rationnelle.

Quant à la **dialectique**, elle se définit dans la phi-

Il établit les représentations vraies et adéquates. Celles-ci le sont de par le fait qu'elles désignent un évènement réel et que leur sens n'excède pas celui de l'évènement. Il s'agit en somme de **discerner le vrai, le faux et le douteux, de critiquer et d'évaluer**. En effet, selon Épictète, les hommes ne sont pas affectés par les choses en elles-mêmes, mais par les jugements qu'ils portent sur elles (<u>citation 4</u>).

Ce troisième lieu ne doit être abordé qu'à la fin de l'éducation :

- d'une part, parce que la dialectique fascine et inspire la vanité ;
- d'autre part, parce que la logique n'est pas sans danger et que seul le sage accompli est capable de l'exercer même dans l'ivresse et dans la mélancolie.

Mais dans l'ordre des manifestations de la raison, ce troisième lieu est aussi le premier puisque tout désir et toute action supposent une évaluation préalable. L'éducation est toujours paradoxale en ce qu'elle suppose et anticipe une maitrise qui ne peut être comprise qu'à la fin.

L'importance du lieu du jugement vient de ce que les fausses évaluations nous poussent à désirer l'indésirable et à mal agir : **les évaluations sont la seule source possible d'aliénation ou au contraire de liberté**. Parvenir à déjouer les fausses interprétations consiste en effet à atteindre la liberté. Ainsi, le bien interpréter, qui est rendu possible par le *logos*, est le lieu unique du pouvoir : toutes les vertus qui gouvernent nos passions, nos actions et nos relations se ramènent au seul contrôle de l'évaluation. Il suffit donc de prendre le contrôle de l'évaluation pour être libre (citation 5).

À cela, il faut ajouter le **principe de l'habituation** qui énonce qu'il y a derrière tout acte et tout désir, non seulement une évaluation bonne ou mauvaise, mais également des habitudes qui nous confortent dans le bon ou dans le mauvais. L'éducation des habitudes complète ainsi la discipline du jugement et nous perfectionne ou nous perd selon que nos habitudes soient bonnes ou mauvaises. Selon Épictète, la force de l'habitude est souveraine dans l'entrainement philosophique : les fautes ne se corrigent pas seulement grâce au jugement par un surplus d'intelligence et de savoir, il faut également un surplus de disposition pour en venir à bout. Les mauvaises habitudes requièrent des remèdes vigoureux comme par exemple l'expatriation. Ce serait trop simple s'il ne suffisait que de substituer les bonnes évaluations aux mauvaises par un décret pour voir assoir la vertu.

## LE BIEN ET LE BONHEUR

### La recherche du bien à l'intérieur de la raison

Le bien est **dans le *logos* par nature**, mais **c'est grâce à notre formation que nous pouvons l'appliquer** : le don divin du bien est un appel, mais il ne tient qu'à nous d'y répondre ou non.

Seul le *logos* est capable de se réfléchir, c'est-à-dire de se prendre lui-même pour objet afin d'avancer sur le chemin de la connaissance de soi et de l'évaluation de soi. Cette autoréflexion constitue un premier pas vers la sagesse qui permet par la suite à l'homme de déterminer où se trouve le bien en faisant une application juste de la prénotion qu'il en possède. En effet, celui-ci ne nous apparait pas de manière immédiate et évidente, mais il est à chercher par la médiation de la question philosophique « Où est le bien ? ».

Le fait que le bien ne soit **pas donné à l'avance** implique qu'**il est à l'intérieur, dans une certaine disposition de la raison**, et ne lui est donc pas extérieur. Ainsi, le bien dépend de nous, et c'est par la logique et la dialectique, c'est-à-dire grâce au travail de l'intelligence et du jugement, que nous pouvons l'atteindre.

## Le bien est dans la vertu

L'autoréflexion ne consiste pas à abandonner l'extériorité : les objets extérieurs comptent dans la mesure où nous en faisons usage, mais ils ne sont jamais des enjeux. En effet, **le bonheur ou le bien est dans la vertu, dans les actes posés et dans les moyens d'y parvenir**. Autrement dit, le bonheur ne réside ni dans les objets extérieurs en eux-mêmes ni dans la jouissance du corps ni même dans les évènements qui adviennent. Il ne s'agit pas d'un objet mais d'**une intention morale**. Chez les stoïciens, l'intention de faire le bien est la valeur morale absolue. Ce n'est donc pas véritablement la sagesse en tant que résultat qui prime, mais plutôt l'intention morale.

## Le corps, un prêt *versus* la raison, un donné

Pour Épictète, tout ce qui nous est extérieur et dont nous faisons usage est un prêt. Par exemple, le corps est un prêt, il n'appartient pas à l'homme puisqu'il n'en a pas la parfaite maitrise. Par conséquent, la mort n'est que restitution de ce qui lui a été prêté.

Chaque partie du Tout est d'ailleurs destinée à être restituée au Tout, mais la raison place l'homme à la hauteur des dieux, ce qui signifie qu'elle ne doit pas être rendue :

- le **corps** est le **prêté** dont nous avons la simple **jouissance** ;
- la **raison** est le **donné** dont nous avons la **propriété** (citation 6).

Ainsi, ce qui a été prêté est ce dont on a l'usage et la faculté d'en faire usage est notre propriété : le corps est le destin tandis que la raison est la liberté.

## La conversion comme acceptation du prêté

La conversion dont parle Épictète consiste à **faire de la raison**, qui est notre propriété, **une pure acceptation de ce qui lui est prêté**, autrement dit à accepter que les choses soient comme elles sont (citation 7). La conversion se produit quand l'opposition entre la raison et les choses extérieures est surmontée, quand l'homme considère l'ordre du monde voulu par Dieu comme meilleur que ce qu'il veut lui-même, quand ses impulsions et ses désirs sont ceux du dieu, quand il désire ce qui lui arrive. Le dieu en l'homme, la raison qui est sa propriété, rejoint alors le dieu hors de lui, celui qui ordonne ce qui lui est prêté.

Le bon usage de la raison, c'est-à-dire de la propriété ou encore du dieu en nous, consiste à tout abandonner au dieu hors de nous, à ne rien regarder comme étant à nous. Ne reste comme dépendant uniquement de nous que la décision de renoncer à la propriété de ce qui ne dépend pas de nous, notre volonté.

L'humain ne peut prendre le point de vue du dieu et avoir une compréhension totale du destin afin de le maitriser, mais il peut par contre accepter les évènements isolés. L'activité locale du *logos* en lui se substitue à l'activité totale du Dieu, mais elle n'en est pas moins divine. Ainsi, **l'homme n'est pas seulement l'œuvre de dieu, mais une œuvre qui contient le dieu en elle**. C'est pourquoi l'homme est la partie dominante de la cité universelle. Le *logos* de l'homme est du reste semblable au dieu en ce qu'il passe par les mêmes phases de conversion et d'expansion que lui. Périodiquement, Dieu se développe en univers et se retire lors de la conflagration : la raison fait un usage critique des représentations tout comme la raison de l'univers produit des choses et des évènements.

Épictète conçoit la formation philosophique comme un **apprentissage de la liberté et du destin**. Il s'agit d'abord de méditer le partage des choses entre ce qui dépend de nous et ce qui ne dépend pas de nous pour organiser le mieux possible ce qui est à notre portée, puis de comprendre que la liberté absolue appartient à celui à qui tout arrive en accord avec son intention : quand on parvient à accepter les évènements tels qu'ils arrivent, c'est Dieu qui s'accueille lui-même. En d'autres termes, le dieu en l'homme consent au dieu hors de l'homme.

# EN RÉSUMÉ

L'éducation philosophique d'Épictète vise **la démarcation éthique** qui consiste à **distinguer ce qui est à notre portée de ce qui ne l'est pas** par le travail du *logos* (ou raison), don de Dieu qui caractérise l'homme. Cette interprétation critique du réel rend possible l'éthique. Ainsi, **l'éthique est un accomplissement du *logos*, donc de la nature humaine**.

Épictète distingue **trois lieux de la philosophie** qui font partie des choses qui **dépendent de l'homme**. Ils correspondent à une gradation dans le progrès vers la sagesse. **Le désir**, lieu des passions et des perturbations, doit, dans un premier temps, être supprimé. **L'action**, lieu de la répulsion ou de l'impulsion, amène à savoir déterminer les conduites et les fonctions et obligations sociales convenables. Enfin, **le jugement**, lieu de la logique et de la dialectique, vise à assoir les capacités critiques nécessaires à l'établissement des représentations vraies et adéquates, celles qui permettent de distinguer ce qui dépend de nous de ce qui ne dépend pas de nous. Ainsi, **la liberté** est atteinte, étant donné que les fausses interprétations sont les seules sources d'aliénation ; en effet, elles nous poussent à désirer ce sur quoi nous ne pouvons rien.

En conclusion, **la conversion** consiste à **faire de la raison**, qui est notre propriété, **une pure acceptation des évènements** qui, eux, sont prêtés. Elle se produit quand l'homme désire ce qui lui arrive. Le dieu en l'homme, sa raison, rejoint alors le dieu hors de lui qui ordonne ce qui lui est prêté.

Votre avis nous intéresse !
Laissez un commentaire sur le site de votre librairie en ligne
et partagez vos coups de cœur sur les réseaux sociaux !

# POUR ALLER PLUS LOIN


- BRUN (Jean), *Le Stoïcisme*, Paris, PUF, 1998.
- CLÉMENT (Élisabeth) *et alii*, *La Philosophie de A à Z*, Paris, Hatier, 2000.
- ÉPICTÈTE, *Entretiens*, traduction de Joseph Souilhé, Paris, Gallimard, 1993.
- ÉPICTÈTE, *Manuel d'Épictète*, traduction d'Emmanuel Cattin, Paris, GF-Flammarion, 1997.
- HADOT (Pierre), *Qu'est-ce que la philosophie antique ?*, Paris, Gallimard, 1995.
- KUNZMANN (Peter), BURKARD (Franz-Peter) et WIEDMANN (Franz), *Atlas de philosophie*, Paris, Le Livre de Poche, 2010.

# TESTEZ VOS CONNAISSANCES !

## ASSOCIEZ CHAQUE CITATION À L'EXPLICATION QUI LUI CORRESPOND

**Citation 1** : « Telle est l'œuvre principale de la vie : distingue parmi les choses, sépare-les et déclare : celles qui sont extérieures ne sont pas à ma portée ; la volonté est à ma portée. » (*Entretiens*, Paris, Gallimard, 1993)

**Citation 2** : « La divinité t'a donné ce qu'elle avait de plus grand, de plus noble, de plus royal et de plus divin, le pouvoir de faire un bon usage de tes opinions, et de trouver en toi-même tes véritables biens. » (*Entretiens*, Paris, Gallimard, 1993)

**Citation 3** : « [...] pour tes désirs, supprime-les entièrement pour le moment. Car, si tu désires quelqu'une des choses qui ne sont pas en notre pouvoir, tu seras nécessairement malheureux [...]. » (*Manuel d'Épictète*, Paris, GF-Flammarion, 1997)

**Citation 4** : « Ce qui trouble les hommes, ce ne sont pas les choses, ce sont les jugements qu'ils portent sur les choses. » (*Manuel d'Épictète*, Paris, GF-Flammarion, 1997)

**Citation 5** : « Ne crains rien, ne désire rien, et nul homme n'aura pour toi rien de terrible ni de formidable [...]. Ne vois-tu pas que tes désirs et tes craintes sont la garnison que tes maîtres entretiennent dans ton cœur, comme dans une citadelle, pour t'assujettir ? Chasse cette garnison,

remets-toi en possession de ton fort, et tu seras libre. »
(*Entretiens*)

**Citation 6** : « Qu'est-ce qui est donc à toi ? L'usage de tes idées. Quand tu en uses conformément à la nature, alors enorgueillis-toi ; car tu t'enorgueilliras d'un avantage qui est à toi. » (*Manuel d'Épictète*, Paris, GF-Flammarion, 1997)

**Citation 7** : « Ne demande pas que ce qui arrive arrive comme tu désires ; mais désire que les choses arrivent comme elles arrivent, et tu seras heureux. » (*Manuel d'Épictète*, Paris, GF-Flammarion, 1997)

**Explication a** : les hommes ne sont pas affectés par les choses en elles-mêmes, mais par les jugements qu'ils portent sur les choses.

**Explication b** : il faut bannir craintes et désirs car ils sont asservissants pour l'homme ; s'en acquitter, reprendre possession de sa volonté, revient à atteindre la liberté.

**Explication c** : la suppression pure et simple du désir est recommandée dans la mesure où désirer quelque chose qui ne dépend pas de nous nous rend malheureux.

**Explication d** : les dieux ont doté l'homme du logos, ou raison, qui doit lui servir à faire un usage critique des représentations en vue d'atteindre le vrai bien.

**Explication e** : la démarcation éthique consiste à distinguer le propre, ce qui est en notre pouvoir, de l'étranger, ce qui ne dépend pas de nous.

**Explication f** : le bien se trouve dans le logos par nature, mais c'est seulement grâce au travail de l'intelligence et du jugement que nous pouvons l'atteindre.

**Explication g** : l'homme se caractérise par le logos, ou raison, et son activité principale consiste à parvenir à la sagesse.

**Explication h** : la clé du bonheur réside dans l'acceptation des évènements et de toute chose extérieure. Ainsi, il s'agit de désirer que les choses arrivent comme elles arrivent.

**Explication i** : il faut avoir une compréhension philoso-phique, à savoir un contrôle parfait de la prénotion de mal pour que la volonté puisse l'appliquer avec justesse aux situations rencontrées.

**Explication j** : tandis que le corps et tout ce qui nous est extérieur est un prêt, la raison, c'est-à-dire l'usage de nos idées, nous appartient en propre, et il s'agit de l'utiliser conformément à la nature.

# Rendez-vous sur lepetitphilosophe.fr et découvrez :

Plus de 1200 analyses
Claires et synthétiques
Téléchargeables en 30 secondes
À imprimer chez soi

www.lepetitphilosophe.fr

ISBN version numérique : 978-2-8062-4937-1
ISBN version papier : 978-2-8080-0110-6
Dépôt légal : D/2017/12603/494

Conception numérique : Primento,
le partenaire numérique des éditeurs.